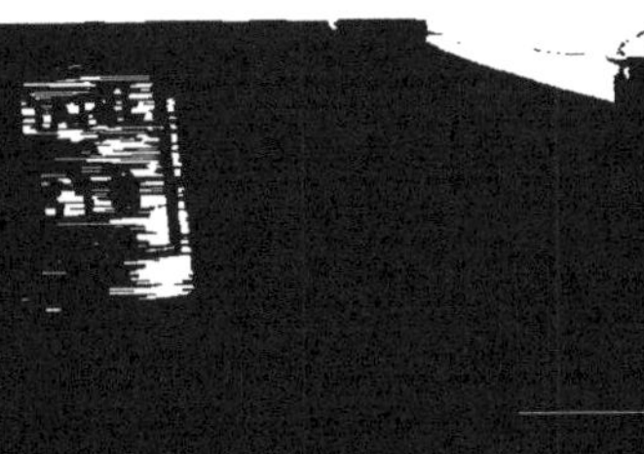

AF467228

CHAMBRE DE COMMERCE DE BOULOGNE-SUR-MER

SÉANCE DU 5 DÉCEMBRE 1873

RAPPORT

ET

DÉLIBÉRATION

SUR L'AVANT-PROJET

D'UN NOUVEAU PORT A CRÉER

EN EAU PROFONDE

A BOULOGNE,

AU SUD-OUEST DU PORT ACTUEL,

ACCOMPAGNÉS D'UN PLAN.

BOULOGNE-SUR-MER

IMPRIMERIE TYPOGRAPHIQUE & LITHOGRAPHIQUE DE SIMONNAIRE & Cie

5, Rue des Religieuses-Anglaises, 5

Décembre 1873

CHAMBRE DE COMMERCE DE BOULOGNE

AVIS

DE LA CHAMBRE SUR LE PROJET DE CRÉATION D'UN PORT EN EAU PROFONDE A BOULOGNE, AU S. O. DU PORT ACTUEL.

L'ordre du jour appelle la Chambre à *délibérer* et à *exprimer son opinion* sur l'utilité et la convenance de la création d'un port en eau profonde, au sud-ouest du port actuel de Boulogne, dont l'*avant-projet* est soumis à une enquête, par arrêté de M. le Préfet du Pas-de-Calais du 13 octobre 1873.

Lecture lui est donnée du RAPPORT dont suit la teneur :

RAPPORT

I.

I. *Faits et circonstances qui ont donné naissance à la pensée de créer à Boulogne un nouveau port pour les relations internationales. — Actes antérieurs à la création de la Compagnie spéciale qui se propose de la réaliser. — Caractère sérieux de l'entreprise.*

MESSIEURS,

L'on trouverait aisément des origines anciennes à l'idée de transformer Boulogne, et par cela même Calais, en ports méditerranéens, n'asséchant jamais, et dotés de la faculté de recevoir des navires de fort tonnage à toutes les heures et dans tous les états de la marée. On peut même dire d'elle qu'elle est née avant le temps ; car elle est de beaucoup antérieure à l'établissement des chemins de fer, qui, en provoquant un développement inouï des relations internationales, devaient seuls en rendre indispensable l'application.

Elle n'a cependant profondément pénétré dans les esprits que le jour où, en 1869, Boulogne et Calais se virent *à l'improviste, et sans que le plus léger indice eût pu les y préparer*, bien gravement menacés dans leur existence par la conception d'un nouveau port que les frères Waring demandaient à créer à Audresselles, et qui devait, selon leur programme, posséder cet avantage d'une perpétuelle accessibilité. De cet instant nous comprîmes tous que l'avenir des deux ports anciens du détroit, si misérablement laissés dans une situation qui les rend tout-à-fait impropres au rôle que l'époque présente leur assigne, était à la merci de la première spéculation, un instant heureuse, pour incertains que fussent, d'ailleurs, sa valeur propre et son succès définitif.

Il fallait à tout prix éloigner ce danger ! C'était notre droit. C'était plus encore notre devoir envers ceux qui viendront après nous ! Toutes les intelligences s'armèrent donc contre cette entreprise malheureuse, en ce sens, surtout, qu'elle aboutissait à déposséder *sans utilité*, et par conséquent *injustement*, deux villes importantes, *Boulogne* et *Calais*,— [à laquelle il faut ajouter *Saint-Pierre* qui, suivant la remarque si juste de M. le Ministre Desseligny — *Discours de Bordeaux*, — dans bien peu d'années ne s'en distinguera plus], — c'est-à-dire, des centres de population ayant 80,000 habitants, et qui en auront bien près de

100,000 avant qu'un nouveau quart de siècle se soit écoulé, pour peu que l'on vienne sérieusement, dans un esprit de bienveillante équité, en aide à leurs efforts.

Ce projet, grâce à l'énergie de nos protestations, fut momentanément écarté; malgré la puissance des protections que lui avait ralliées une pensée très-élevée peut-être, mais compromise, de l'avis de tous les marins pratiques du détroit, par le choix d'un point fort dangereux du littoral.

Si aucune *décision* n'est encore intervenue ; et si personne, dès lors, ne peut se promettre que ces desseins ne renaîtront pas, pour nous inquiéter de nouveau, nous aurons eu, au moins, le temps de nous reconnaître, et de produire à notre tour, en faveur de notre port, un plan sérieux dans sa conception, — s'appuyant sur des voies et moyens aisément réalisables, — accepté par de puissants intéressés, — et digne, en un mot, du but que se sont proposé les hommes qui en ont eu la pensée.

Ce n'était pas tout, en effet, que d'avoir évité, à grand peine, dans cette discussion si vive du projet d'Audresselles, une défaite. Ce demi-succès fût demeuré stérile ! Au projet repoussé par l'opinion et par la Commission d'enquête il fallait substituer des projets meilleurs. Comme le grand intérêt de relations plus faciles et plus actives était toujours là, préoccupant, des deux côtés du détroit, les Gouvernements, les Assemblées, le Commerce, les Compagnies de chemins de fer, les Ingénieurs, passionnant la presse et l'opinion, et qu'il fallait répondre à des appels si pressants qu'ils ressemblaient à des injonctions, cet avantage remporté ne nous eût point profité.

Aussi, notre Chambre, dans sa délibération du 19 novembre 1869, représentait-elle :

« Qu'en présence du vif désir que manifestait toute l'Angleterre commerçante d'obtenir immédiatement, pour décupler l'activité de ses relations avec la France, des moyens sûrs et prompts d'effectuer la traversée du détroit, dans les conditions nautiques les moins pénibles et à toute heure de la marée, c'était un devoir de premier ordre pour le Gouvernement Français que d'opérer aux deux ports qui, depuis tant de siècles, sont en possession de servir ce grand intérêt, toutes les transformations que réclamaient les besoins nouveaux. »

Et, sur cette donnée, elle demandait à la bienveillance et à la justice de l'État : « *l'étude immédiate, et faite en vue de* » *l'exécution, de tous les travaux nécessaires à la transfor-* » *mation des deux ports de Boulogne et de Calais.* »

Calais fit la même demande avec la même autorité. Et tout nous persuade que ces vœux eussent été exaucés sans les désastres, qui, huit mois à peine après leur expression, allaient atteindre notre malheureuse Patrie, et lui montrer l'abîme effrayant où la mènent nos éternelles discordes.

Il n'était plus possible d'obtenir de tels sacrifices du Trésor obéré, de la Nation succombant sous le poids de ses charges ; et nous dûmes nous résoudre à ne plus compter que sur l'initiative privée.

Un rapport fait à notre Chambre le 27 mai 1872, et qui a été inséré en entier dans le *Compte-rendu* imprimé de ses travaux pour cette année, vous a dit, Messieurs, tout ce que, pendant dix-huit mois, notre dévoué Président, M. GOSSELIN, et notre Député, M. *Achille* ADAM, ont fait de démarches et prodigué d'efforts pour déterminer la création à Paris même d'une puissante compagnie qui entreprendrait ce travail. Non qu'ils se dissimulassent la nécessité et la convenance d'un recours aux capitaux anglais ! Elles étaient évidentes, et ils n'étaient pas hommes à les méconnaître. Mais s'agissant d'un port à établir sur nos rivages, ils attachaient, avec raison, une grande importance morale à ce que l'entreprise fût, avant tout, française.

L'insuccès de ces démarches si actives, et si bien dirigées, n'a été déterminé que par les circonstances, par les avantages que présentaient nos grands emprunts nationaux vers lesquels tous les capitaux flottants se sont précipités. Il n'est pas fait pour diminuer notre gratitude ; et nous n'avons rien à retirer des expressions par lesquelles, dans cette même séance du 27 mai, nous avons traduit ce sentiment.

Vous n'ignorez pas, d'ailleurs, que ces 18 mois n'ont pas été stériles. L'idée d'un port nouveau s'est fortifiée ; — la possibilité, longtemps niée par les promoteurs du projet d'Audresselles, d'obtenir ici, même à mer basse de vive-eau, des profondeurs suffisantes, a été démontrée par des études nombreuses et savantes ; — des sondages ont été opérés, — des plans dressés ; — un crédit spécial ouvert par notre Chambre en a soldé les dépenses ; — et le jour où l'on se résolut à s'adresser aux capacités et aux ressources de l'Angleterre, l'on se présentait avec un ensemble de travaux préparatoires, très-propre à inspirer confiance et à décider la réussite.

Nous tenons à rappeler, Messieurs, que c'est par l'entremise de notre ancien et vénéré Président, *M. Alexandre* Adam, que nous avons été mis à ce sujet en relations officielles avec la Compagnie du *South Eastern Railway*, qui depuis 1843 opère, avec tant d'avantages pour le Commerce, la traversée régulière et quotidienne du détroit, entre Folkestone et Boulogne. On n'y avait pas perdu le souvenir de ce qu'il avait fait il y a 30 ans pour déterminer la création du chemin de fer d'Amiens à Boulogne qui a tant contribué au développement de l'entreprise de la Compagnie anglaise, en lui apportant les premiers et indispensables éléments de son succès. La profonde estime dont son nom y était entouré, était une recommandation toute puissante. Les Directeurs de la Compagnie se firent comme un devoir de répondre à son appel; et vous n'avez pas oublié que dès le 17 Mai 1872 se tenait ici même, en sa présence, une conférence décisive entre ces Directeurs, — notre Chambre,— M. le Maire de Boulogne,— notre honorable Député,— M. Livois, ancien Maire qui avait pris une très-grande part aux démarches antérieures,—M. D. Henry, membre du Conseil général, et quelques-uns de nos concitoyens que leur situation et leurs services y appelaient de droit.

Le procès-verbal très-détaillé de cette conférence, également publié dans le compte-rendu de nos travaux pour l'année dernière, constate qu'elle aboutit aux résolutions suivantes :

« 1°. — Acceptation en principe par le Comité de direction de la Compagnie du South-Eastern de l'idée d'une subvention annuelle à payer à la Compagnie qui entreprendrait de créer le nouveau port, sauf à en déterminer ultérieurement le mode et l'importance ;

» 2°. — Détermination prise de former une Société spéciale dans laquelle trois directeurs du South-Eastern, au moins, entreraient comme administrateurs ;

» 3°. — Instruction à donner immédiatement aux ingénieurs de la Compagnie, MM. Liddell et Richardson, de dresser des plans qui pussent être soumis aux formalités exigées en France, et d'établir un devis de la dépense ; en s'entourant, pour l'un et l'autre travail, des avis des ingénieurs français que leur connaissance approfondie des localités et leurs travaux spéciaux leur désigneraient comme les Conseils les plus sûrs de l'entreprise. »

Ces résolutions, grâce à l'esprit de décision de nos voisins, devaient bientôt se traduire en faits d'une grande importance.

Dès le 9 juillet 1872, le très-honorable président du Comité de direction du South-Eastern, Sir *Edward-William* WATKIN, informait notre Chambre que le Parlement anglais ayant rejeté le bill privé par lequel M. FOWLER espérait obtenir l'autorisation d'exécuter au port de Douvres certains travaux nécessaires à l'exploitation des bateaux porte-trains dont il est l'inventeur [système jugé en Angleterre comme très-peu pratique], et cet obstacle d'un précédent demandeur se trouvant écarté, la Compagnie acceptait décidément la donnée d'une large et libérale participation à la dépense de la création du nouveau port de Boulogne.

Le 9 novembre suivant, la Compagnie du South-Eastern déposait au bureau des bills d'intérêt local de la Chambre des Communes (Private Bills), un projet de bill par lequel elle demandait, entr'autres nombreux objets, l'autorisation :

« 1°. — De passer soit seule, soit de concert, avec le *London Chatham and Dover Railway*, avec le Gouvernement français, la Compagnie du chemin de fer du Nord, les Autorités de la Ville de Boulogne et toutes personnes et compagnies qui ont ou pourront obtenir une concession de ce Gouvernement, *tous traités* pour l'exécution des travaux d'amélioration ou d'agrandissement du port de Boulogne, *ou pour la construction d'un nouveau port ;* — et de contribuer ensemble ou séparément, soit aux dépenses de ces travaux, soit à la garantie d'un minimum d'intérêts pour tout ou partie de ces dépenses ;

» 2°. — De passer également tous contrats avec la Corporation du port de Douvres, relativement à tous travaux à exécuter pour l'amélioration, l'agrandissement et l'élargissement de ce port, ou de donner une garantie d'intérêts sur tout ou partie des dépenses que nécessiteraient ces mêmes travaux. »

Quelques dissentiments survenus entre la Compagnie du South-Eastern et celle de Londres à Douvres par Chatham, à propos de deux embranchements sollicités par la première sur Rochester et sur Chatham même, empêchèrent ce premier projet de bill de recevoir, dans toute sa teneur, l'approbation du Parlement, dans sa session de 1872-1873. Les autorisations demandées ne furent obtenues que pour des engagements et des travaux qui nous sont étrangers. Mais cet ajournement partiel ne devait pas nuire à l'entreprise qui seule nous occupe ; car à l'heure même où nous écrivons ce rapport, les journaux anglais du 28 novembre 1873, entr'autres le *The Daily News*, publient, pour la session 1873-1874, un nouveau projet de bill régulièrement déposé le 10 du même mois, par lequel la Compagnie du South-Eastern et celle de Londres à Douvres demandent à se fusionner, et sollicitent l'autorisation d'employer leurs capitaux à créer un nouveau port à Boulogne.

La pensée de réalisation de cette œuvre est donc, en Angleterre, toujours vivante !

Quant à la Compagnie spéciale d'exécution dont la fondation entrait dans le programme du 17 mai 1872, elle ne tarda pas, non plus, à se former.

Les actes qui la constituent régulièrement, dans les formes déterminées par les lois anglaises de 1862 et de 1867 (Memorandum d'association et certificat d'incorporation), sont au dossier de l'enquête, portant les dates des 2 et 3 janvier 1873.

Sa *dénomination* officielle est BOULOGNE NEW HARBOUR COMPANY LIMITED, *Compagnie, à capital limité, du nouveau port de Boulogne.*

Ce capital est de trois cent mille livres sterlings (7,575,000 francs) divisées en trente mille actions de 10 livres (252 fr. 50 c.)

Son *objet* précis est la *construction*, l'*entretien* et l'*administration d'un port avec débarcadères, magasins et tous ouvrages et dépendances utiles à Boulogne-sur-mer, en France.*

Elle est représentée par un Comité composé :

Pour l'Angleterre :

De MM. Sir Edward William WATKIN, président du Comité de direction du South-Eastern Railway ;

J. G. FORBES, directeur de l'Exploitation (General Manager) du *London Chatham and Dover Railway ;*

Grosvenor HODGHINSON, membre du Parlement ;

H. D. WARTER, juge-de-paix de l'un des cantons de Londres ;

James BING, l'un des administrateurs du *South-Eastern ;*

G. W. EBORALL, directeur de son exploitation ;

Charles LIDDELL, l'un de ses ingénieurs. »

Pour la France :

De MM. Alexandre ADAM, ancien maire de Boulogne, ancien président de notre Chambre et du Conseil général du département ;

Achille ADAM, banquier, député du Pas-de-Calais à l'Assemblée nationale ;

B. GOSSELIN, président du Tribunal et de la Chambre de commerce ;

Auguste HUGUET, maire actuel de Boulogne. »

Existe-t-il, dans les plus grandes entreprises, beaucoup de sociétés présentant plus de garanties morales que celles que donnent ces noms ?

Nous avons voulu, Messieurs, grouper ainsi dans les premières pages de notre rapport tous ces détails si essentiels, mais à peu près inconnus ; par ce qu'ils assignent à l'entreprise un caractère sérieux dont, faute d'être suffisamment instruites, beaucoup de personnes ont, de très-bonne foi, douté jusqu'ici ; et qu'il importait de ne plus laisser discuter.

Nous n'en aborderons qu'avec plus d'avantages et d'autorité les détails du projet soumis à l'enquête, tels que nous les révèle le dossier annexé à l'arrêté préfectoral en exécution duquel elle est ouverte.

II.

II. *Demande en concession. — Ses conditions. — Tarif des perceptions proposées.*

C'est dès le 2 janvier 1873 qu'à peine constituée la nouvelle Compagnie, pour ne pas perdre de temps, adressait à M. le Ministre des Travaux publics de France sa demande d'autorisation et de concession.

Demande en concession

Très-succincte, cette demande se borne à déterminer son propre objet, lequel est : « l'établissement au Sud-Ouest du » port actuel de Boulogne d'un port accessible à toute » heure de marée à des steamers d'un fort tonnage, tels » que ceux qui font la traversée régulière entre l'Angle- » terre et l'Irlande. »

Ce port se relierait à la station de Capécure par un embranchement spécial, dont la construction et l'exploitation — ceci est à remarquer — seraient laissées à la Compagnie des chemins de fer du Nord.—Il se rattacherait à Amiens, Paris et Rouen, par la ligne du Nord; — à Lille, par cette ligne encore et de plus par la ligne en voie de création de Boulogne à Armentières concédée à la Compagnie du Nord-Est ; — à Arras, par la ligne d'Étaples à ce chef-lieu de notre département.

Il offrirait un abri sûr, *à toute heure de marée*, à tous les bâtiments *tirant moins de cinq mètres d'eau*. Il pourrait recevoir, après deux ou trois heures de flot, *des bâtiments du plus fort tonnage.*

Il mettrait donc à la disposition de la marine militaire française des ressources importantes, et de premier ordre au point de vue de la défense de nos côtes du Nord.

La durée de la concession sollicitée serait de quatre-vingt-dix-neuf années pour le port proprement dit, ses quais et les autres ouvrages qui le constitueraient ; — création d'utilité publique. On ne dit pas, mais cela va de soi, qu'à l'expiration de ce terme l'Etat entrerait gratuitement en possession de ce port : il aurait, en outre, le droit de le racheter à toute époque antérieure à ce terme, s'il jugeait utile d'user de cette importante faculté.

Cette durée serait, au contraire, perpétuelle (sauf le droit toujours ouvert et absolument inaliénable d'expropriation pour cause d'utilité générale), à l'égard des terrains de la plage que l'exécution permettrait de conquérir, et qui seraient utilisés plus tard pour la construction d'entrepôts, de magasins généraux, etc. Ce sont là, en effet, des créations d'un caractère privé, à la possession desquelles l'État n'a aucun intérêt supérieur et politique.

Du reste, la Compagnie ne demande ni subvention, ni garantie d'intérêts. Elle se borne à réclamer pour le port nouveau, à l'entretien duquel elle pourvoira, l'exemption :

— De tous droits de tonnage et de quai ;

— De toutes taxes gouvernementales, départementales et locales, établies ou à établir ;

ainsi que l'autorisation de percevoir sur tous les navires qui entreront dans ce port, *pour une opération de commerce*, un droit de péage *dont le taux sera déterminé par un cahier des charges à établir ultérieurement.*

Ces termes : « pour une opération de commerce » affranchissent par avance de toute taxe.

— Les navires de guerre français ;
— Les bâtiments de commerce en relâche forcée qui ne feront point de ces opérations; c'est-à-dire ne chargeront et ne déchargeront ni marchandises ni passagers.

Note annexée.

Une note, également datée du 2 janvier 1873, est annexée à la demande : elle la reproduit en quelques points, et la complète sous d'autres.

Divisée en quatre sections cette note traite successivement :

1° Des *dispositions générales du projet.* Il importe d'y relever et de signaler :

« L'engagement formel qu'y prend la Compagnie d'enlever tous les atterrissements qui, par suite de l'exécution des travaux, pourraient se former soit à l'entrée du nouveau port, *soit à l'entrée du port actuel ; de manière à ne compromettre en rien la situation de ce dernier port.*

2° Des *conditions de la concession.*—C'est une copie, nécessairement à peu près textuelle, de la demande elle-même ; mais où s'ajoutent, toutefois, — outre l'obligation de construire, à l'extrémité de la jetée du port, un fanal dont l'État paiera l'éclairage, — celle d'établir, à peine de déchéance et dans un délai de cinq ans, le nouveau port, ce qui comprend, sa digue de défense, — le quai de débarquement, — le creusement intérieur entre ces deux ouvrages ; — et d'édifier, dans un délai de 15 années, les constructions accessoires et complémentaires tels que magasins, entrepôts, etc.

La sanction de la déchéance protége aussi ce second engagement; en ce sens que les parties de la concession de terrains que la Compagnie n'aurait pas utilisées pour ces constructions,dans le délai qu'elle-même assigne, feraient de droit retour à l'Etat.

3° *De la dépense de la construction.* — Elle s'évalue à 7,500,000 francs ; — de la *dépense annuelle d'entretien* qui s'élèverait à 475,000 francs, intérêts et amortissements du capital compris ; — de la *recette* qui, si l'on y ajoute une subvention annuelle de 375,000 francs que donneraient les deux Compagnies du South-Eastern et du London Chatham et Dover Railways,en échange de la franchise de tous droits de tonnage sur leurs paquebots, est présumée devoir atteindre, en moyenne, 675,000 francs.

Et 4° Enfin, de la *petite rade* que la nouvelle jetée formera en avant du port actuel et abritera contre les vents du S. O. ; rade qui pourra être complétée plus tard par l'établissement de nouveaux môles vers le Nord-Ouest. La Compagnie se réserve de soumettre ultérieurement de nouvelles propositions à cet égard au Gouvernement français pour l'exécution de ces ouvrages qui seraient manifestement d'intérêt général, puisque leur objet précis serait d'améliorer les conditions d'accessibilité du port actuel.

Tarifs proposés.

Les tarifs que dans sa demande en concession la Compagnie se réservait d'établir ultérieurement, elles les produisit le 13 mai 1873, sur la demande du Ministre des Travaux publics ; parce qu'ils devaient être, en effet, l'un des documents les plus essentiels de l'enquête.

La Compagnie se propose de percevoir :

— Un droit de tonnage et de péage sur les navires entrant dans le nouveau port ;

— Des droits variés d'embarquement et de débarquement, *avec* ou *sans* l'aide de ses apparaux ;

— Un droit d'abri ;

— Un droit spécial de magasinage sur les marchandises séjournant plus de **24** heures dans ses magasins de Douane, après leur vérification.

Tout ce que nous en pouvons dire ici, pour ne pas surcharger ce rapport de détails qui nous écarteraient de son objet principal, c'est que le tarif, dans lequel ces différents droits se traduisent en chiffres précis, évidemment calqué sur ceux de notre propre Chambre, est des plus modérés, et qu'il fait honneur à la Compagnie qui le propose.

Quant aux très-légères observations que ce travail pourrait comporter, il suffira d'une conférence avec les représentants de la Compagnie pour obtenir à leur égard toutes les satisfactions désirables.

Une lacune importante vous doit être, toutefois, signalée ici même. Il n'est rien dit des conditions qui seront faites, dans le nouveau port, aux bateaux de pêche français ou étrangers qui, par la force même des choses, y entreront de temps à autre. [*]

La nature facilement périssable de leurs chargements

[*] Sur cette question si importante de la pêche, voir au N° 1 des pièces de l'*Appendice* que nous annexons à ce Mémoire, un dire que, sous la date du 16 décembre, adresse à MM. les Président et Membres de la Commission d'enquête le Comité des Armateurs et Patrons de pêche.

leur imposera, le plus souvent, l'obligation de les vendre à leur entrée même, de les débarquer sur les quais du port nouveau. Tout cela constitue une opération de commerce qui, à la rigueur, les rendrait passibles du droit de tonnage, — du droit de débarquement, — du droit même d'embarquement des ustensiles, des filets, des sels, des vivres qu'ils auraient à mettre à bord avant de reprendre la mer.

Or, ils ne peuvent acquitter ces droits dans une proportion aussi élevée que les navires de commerce : et nous estimons que la Compagnie devra établir pour eux un tarif spécial, que nous lui demanderons de concerter, si elle le veut bien, avec notre Chambre avant de le soumettre à l'Autorité supérieure.

III.

Description du port en projet.

[*]

Le port projeté a la forme d'un quadrilatère ayant entre ses deux côtés les plus longs une largeur de 400 mètres. Ce sera la largeur du port lui-même, et les plus grands navires y pourront évoluer aisément. Notre port actuel n'a que 150 mètres de large : cette indication suffit à faire

---

[*] La description qui suit est conforme aux plans qui étaient annexés au dossier de l'enquête, et nous ne pouvions la publier que dans les termes même du Rapport soumis à la Chambre. Mais, depuis la clôture de l'enquête publique, des études nouvelles ont été faites sur la question des *ensablements*. Cette question a été résolue dans un s ns qui écarte toutes les objections, par l'adoption d'un *plan nouveau* sur lequel la Commission d'enquête, la Commission mixte, le Conseil général des Ponts-et-Chaussées auront à se prononcer.

C'est ce *dernier plan* que nous annexons à la présente publication, pour mettre l'opinion au courant des derniers faits accomplis.

Nous le décrivons dans l'*Appendice*, ~~N° III~~ des *Documents* qu'il renferme.

juger de la supériorité que possédera, sous ce rapport essentiel, celui que l'on projette.

Il s'appuie vers le S. E., à la falaise de Châtillon ; plus exactement, au futur remblai que la Compagnie opérera, avec les matériaux et les sables rapportés par ses dragages, et qui, — du quai de débarquement au fort du Mont-de-Coupe, — aura une superficie d'environ 45 hectares.

— Les ouvrages principaux qui le délimiteront seront — *à gauche*, vers le Sud-Ouest, une jetée de 1,000 mètres de longueur à partir du pied actuel de la falaise.

En face, vers la haute mer, une jetée transversale destinée à maintenir la tranquillité de ses eaux. C'est dans cette jetée, aux 2/3 environ de sa longueur, laquelle est de 400 mètres, que s'ouvrira l'entrée du port. Cette entrée aura cent mètres de large.

A droite, vers l'Est, *un quai spécial d'abordage* ayant son terre-plein particulier, NOUVEAU QUAI DES PAQUEBOTS, qui aura 450 mètres de longueur de la naissance de la jetée transversale. contre laquelle il s'appuiera, au point où il se transformera en un simple remblai, servant de voie au chemin de fer par lequel se fera sa jonction avec la gare.

Ce nouveau quai des paquebots sera parallèle à notre jetée actuelle du Sud-Ouest. L'espace intermédiaire, représentant une superficie d'environ 60 hectares, sera comblé *en partie* et élevé au niveau des terres-pleins, avec le produit du creusement du chenal et des dragages. Nous disons : « *en partie,* » parce que c'est dans cet espace que la Compagnie établira, plus tard, ses docks ou bassins à quais couverts ; en d'autres termes un *port de commerce* tel que le veut notre temps, et relié par de larges écluses à notre bassin à flot.

— La surface d'eau que ces ouvrages enceindront n'aura pas moins de 26 hectares. Vous jugerez bien de son étendue par les rapprochements qui suivent :

Notre bassin à flot a une superficie de.	6 H.	86 A.	59 C.
Le port d'échouage	13	»	»
L'arrière-port, entre les deux ponts. .	2	37	60
Tout l'espace dont nous disposons aujourd'hui pour l'accostage et les mouvements intérieurs des navires est donc de	24 H.	24 A.	19 C.

qui, en réalité, se réduisent à dix-neuf hectares, quatre-vingt-six ares, cinquante-neuf centiares, si l'on en déduit l'arrière-port lequel s'ensable étrangement, et où l'on ne peut pénétrer qu'à l'aide de manœuvres lentes et difficiles.

Le nouveau port nous donnera donc, d'une façon marquée, bien plus de superficie utilisable que n'en offre le port actuel si insuffisant déjà pour les besoins de la navigation.

La jetée de gauche ou du S. O. du nouveau port se prolonge en mer par une *digue* laquelle se dirige en s'infléchissant vers le N. O. sur une longueur de 600 mètres.

Les plans annexés au dossier de l'enquête la figurent sous deux formes, l'une pleine, l'autre à claire voie et avec de nombreux pertuis.

Laquelle de ces deux formes de construction doit-elle être définitivement adoptée? C'est l'un des sujets sur lesquels la controverse peut être le plus vive !

On oppose à la forme pleine qu'elle serait le point inévitable d'appui des sables lesquels contourneraient son musoir, formeraient banc à l'entrée du port nouveau, et peut-être viendraient un jour élever la barre de notre port actuel, sinon même combler son chenal !

On reconnait à la forme avec pertuis l'avantage de conserver sa puissance à l'action des courants sur les sables; mais on lui oppose qu'elle fera très-agitées les eaux du chenal d'accès au port nouveau.

Entre les deux opinions, la science, représentée par le Conseil général des Ponts-et-Chaussées, prononcera.

Quelque parti que l'on doive prendre, l'on aura, par les ouvrages principaux que nous venons d'indiquer, pris possession d'une nappe d'eau ayant constamment, *aux plus basses mers connues de vive-eau*, et à la considérer dans toute son étendue, une profondeur moyenne de deux mètres 50 c. à trois mètres.

Cette profondeur serait insuffisante pour des paquebots de fort tonnage auxquels on tiendrait à donner un grand tirant d'eau pour assurer en mer leur stabilité et atténuer les effets du tangage et du roulis.

Aussi, la Compagnie se propose-t-elle, et les plans produits à l'enquête le disent très-clairement, de creuser à partir d'un point plus avancé en mer que ne le sera même la tête de la digue projetée, un profond chenal, n'ayant pas moins de 100 à 150 mètres de large, et se continuant jusque dans le port intérieur où il aura 400 mètres environ de longueur s'étendant au pied du quai d'accostage des paquebots.

L'eau, d'un bout à l'autre de ce chenal, que la drague maintiendra vigilamment, aura une profondeur normale de 5 à 6 mètres à basses mers de vive-eau, très-suffisante pour les plus grands paquebots qu'il soit rationnel d'affecter à la traversée du détroit.

L'on s'est demandé, Messieurs, s'il n'était pas opportun d'imposer à la Compagnie l'obligation de creuser immédiatement à cette profondeur son port tout entier.

Nos impressions sont que cette exigence dépasserait la mesure du raisonnable et du juste. M. LIDDELL, au nom de la Compagnie, a pris devant la Commission nautique, dont le rapport nous occupera tout à l'heure, l'engagement formel « de creuser le nouveau port de manière à donner » immédiatement cinq mètres d'eau, à marée basse, à peu » près sur la moitié de sa surface, et de faire le reste au fur » et à mesure des besoins. » — Nous ne pensons pas que l'on puisse quant à présent demander davantage. — L'intérêt évident de la Compagnie sera d'attirer dans son port le plus grand nombre possible de bâtiments, et surtout de grands navires, portant beaucoup de marchandises et réalisant des frêts élevés. Cet intérêt saura bien lui commander, sans qu'un ordre le lui prescrive, d'aménager le plus tôt possible son port de telle sorte qu'il procure à ses actionnaires un revenu satisfaisant.

C'est une garantie très-rassurante : et il doit suffire qu'en cours d'exécution l'inspection veille à ce que les fondations des ouvrages soient menées assez avant pour permettre l'approfondissement intégral ultérieur.

IV.

IV. *Analyse des documents dans lesquels dès avant l'ouverture de l'enquête le projet avait été étudié et jugé.*

Pour suivre l'ordre logique que nous nous sommes tracé, nous avons maintenant à analyser les documents dans lesquels le projet avait été étudié et jugé avant que ne s'ouvrit l'enquête publique.

Mémoire de M. l'ingénieur LIDDELL.

Le *premier* de ces documents est un mémoire de M. l'ingénieur anglais LIDDELL daté du 20 juillet 1872.

Il démontre que cet ingénieur s'est parfaitement rendu compte de toutes les données du problème que ses savants collaborateurs et lui avaient à résoudre, et que sa confiance dans l'innocuité des travaux projetés, par rapport à la bonne conservation de notre port actuel, est absolue.

C'est quelque chose que cette fermeté de langage et d'affirmations, alors qu'elle se produit sous la plume d'un homme qui a pour lui le savoir et l'expérience, une honnêteté incontestable, et qui ne se dissimule rien de la responsabilité qu'il encourt.

Note de M. l'ingénieur LEGROS.

Le *second* est une *Note*, datée du 10 août 1872, de notre ingénieur en chef, M. LEGROS. Elle a pour objet précis l'étude approfondie des influences probables des travaux projetés sur le régime de la plage en avant et au Nord-Ouest de notre port actuel. Pour vous rassurer complètement à ce sujet, Messieurs, il suffit de vous faire connaître la conclusion de ce savant travail, que recommandent à la confiance de tout homme non prévenu, non pas le nom de son auteur qui n'a pas besoin de cet éloge, mais l'autorité que lui donnent les longues années d'observations directes que les fonctions qu'il exerce lui ont permis de faire sur tout notre littoral.

Voici donc, Messieurs, dans quels termes rassurants se résume ce remarquable écrit :

« Les ingénieurs anglais, dit l'auteur, quoiqu'ayant la
» conviction qu'une jetée pleine, prolongée aux besoin jus-
» qu'aux profondeurs de 8 à 9 mètres, ne provoquerait aucun
» ensablement nuisible, ont fini par admettre l'établissement
» de pertuis sur une partie de la longueur de cette jetée.
» Les pertuis permettraient *d'arrêter le sable au passage*
» dans des conditions économiques, et même de l'utiliser

» pour la création des terre-pleins. Ces pertuis ne sauraient » rien compromettre, attendu qu'il sera toujours facile de les » fermer ou de les laisser se combler naturellement.

» Malgré les précautions prises, on doit prévoir la formation de nouveaux bancs de sable au nord de la jetée ; mais » tout porte à croire qu'ils s'élèveront très-lentement, qu'on » en aura raison par des dragages peu dispendieux, et qu'on » s'en débarrasserait, dans tous les cas, en établissant au » nord-ouest deux brise-lames qui constitueraient avec la » nouvelle jetée une rade fermée en avant de Boulogne.

» Par contre, il paraît indubitable qu'à l'abri des nouveaux ouvrages l'accès du port actuel deviendra beaucoup plus facile, que le chenal s'approfondira en même » temps que la levée de la lame s'atténuera et qu'ainsi les » passes de ce port ne tarderont pas à se trouver en concordance avec le niveau du radier de l'écluse du bassin à » flot ; amélioration d'une importance capitale.

» L'opinion des pilotes et marins pratiques est très-favorable au projet, et *très-arrêtée.* Ils affirment que les nouveaux ouvrages seront à tous égards fort avantageux pour » Boulogne ; qu'ils ne doivent soulever aucune objection ; » qu'il n'y a pas, notamment, à se préoccuper de nouveaux » bancs de sable dans le N.-O. du port, attendu qu'ils n'atteindront jamais un niveau assez élevé pour gêner la » navigation. »

Ici encore, Messieurs, la conscience de la responsabilité morale est des plus actives et des plus clairvoyantes ; et il est manifeste que M. Legros ne signerait pas de telles assertions, s'il n'avait la certitude de leur valeur, au degré où peut atteindre l'intelligence humaine.

Opinion de M. l'ingénieur ordinaire Vivenot.

Le *troisième* de ces documents est un rapport officiel de M. l'ingénieur ordinaire de l'arrondissement maritime de Boulogne, M. Vivénot. Ce rapport est daté du 23 janvier 1873. Il était demandé par M. le Ministre des Travaux publics lequel, pour ne pas commettre l'Administration avec des projets inacceptables, entendait, au préalable, savoir si celui qui lui était présenté, était vraiment susceptible d'être soumis à l'enquête.

Après avoir indiquer les difficultés contre lesquelles auront à lutter les concessionnaires, pour rendre leurs ouvrages absolument inoffensifs, l'auteur estime :

« Que la concession demandée ne lui paraît pas avoir » d'inconvénient au point de vue de la marine, tandis que » la création d'un port de refuge qui est depuis longtemps » réclamée dans ces parages rendra de grands services.

» En même temps, ajoute-il, le nouveau port étant » accessible aux navires du plus fort tonnage et à toute » heure de marée aux paquebots et bâtiments tirant moins » de 5 mètres d'eau, permettra l'établissement de services » *réguliers* entre la France et l'Angleterre et développera » les relations commerciales et le mouvement du transit. »

Il conclut, en conséquence, à ce que l'instruction suive son cours.

Lettre ministérielle du 18 juillet 1873.

Le *quatrième* est une dépêche adressée à M. le Préfet du département par M. le Ministre des Travaux publics. Elle est signée de M. de Franqueville, et datée du 18 juillet 1873. Elle nous apprend que l'honorable Directeur général des Ponts-et-Chaussées a soumis d'abord le projet à une Commission d'inspecteurs généraux, chargée d'étudier toutes les questions qui se rattachent à l'établissement de communications rapides entre la France et l'Angleterre ;— que cette Commission n'est pas fixée sur la possibilité de maintenir par des dragages le chenal du nouveau port à une grande profondeur ; — et s'est demandé encore si la création d'une nouvelle jetée, fût-elle entièrement à claire-voie, n'aurait pas pour conséquence de mettre une plus grande quantité de sable en mouvement ; — que, malgré ces objections, la Commission avait pensé qu'en présence de *l'utilité incontestable du but à atteindre et du caractère sérieux que présente l'entreprise*, on ne pouvait repousser par une simple fin de non-recevoir la demande faite à l'Administration ; — et qu'elle a proposé de soumettre le projet à une enquête nautique, *en appelant plus particulièrement l'attention de la Commission sur les conséquences que pourrait avoir l'exécution des travaux au point de vue de la conservation du chenal d'accès au port actuel de Boulogne.*

Le Conseil général des Ponts-et-Chaussées a partagé cet avis, le Ministre l'a adopté, une Commission nautique a donc été constituée pour en connaître en premier ressort.

Rapport de la Commission nautique.

Nous avons au dossier de l'enquête le Rapport de cette Commission. Il est le *cinquième* des documents préparatoires qu'il importe, Messieurs, que vous connaissiez.

Composée de M. le capitaine de vaisseau MAJASTRE, qui la présidait, — de M. PLOIX, ingénieur hydrographe, — de M. CURET, Commissaire de l'inscription maritime, — de MM. LEPRÊTRE et MALFOY, capitaines au long-cours, — de MM. DEMAY et MÉQUIN, pilotes, la Commission nautique s'est réunie ici même, au bureau de la marine, le 28 juillet et le 3 septembre 1873.

Elle a entendu MM. LEGROS et VIVENOT et, vous le savez déjà, M. *Charles* LIDDELL. Elle a également entendu M. *Alexandre* ADAM, l'un des demandeurs en concession.

L'attention de MM. les Commissaires s'est portée surtout sur la question des ensablements.

M. LIDDELL a nettement déclaré qu'il était fort douteux pour lui que des dépôts se forment jamais devant l'entrée du port actuel, et que si le fait se réalisait, la Compagnie, qui en avait pris l'engagement, opérerait d'énergiques dragages aussi bien devant ce port que dans son propre chenal. Il a établi avec une grande fermeté qu'alliée avec les Compagnies du *South Eastern* et du *Chatham and Dover*, dont l'intérêt au succès de l'entreprise était considérable, et dont la puissance financière ne se pouvait discuter, elle aurait toujours les ressources nécessaires à l'accomplissement de cette obligation.

Il n'a pas même hésité à déclarer : — que si cela devenait nécessaire, ces Compagnies, dont les bénéfices reposent en très-grande partie sur leurs rapports avec la France et sur de plus grandes facilités données au trafic, ne balanceraient pas à construire une nouvelle digue venant du Nord rejoindre l'extrémité de la digue projetée, *afin de pouvoir draguer à l'abri.*

L'honorable M. *Alexandre* Adam, dont la parole a tant d'autorité, s'est exprimé dans le même sens.

Et, nonobstant, de profondes divergences se sont manifestées dans le sein de la Commission : les uns, considérant comme peu fondées les craintes d'ensablement, — comme très-sérieux, au contraire, et les moyens proposés par la Compagnie pour enlever les dépôts s'il s'en formait, et les garanties financières qu'elle présente pour l'exécution de ses engagements ; — les autres, n'ayant pas la même confiance dans ces garanties et voyant dans la possibilité des ensablements un grave danger.

Quoiqu'il en soit, la *majorité* de la Commission nautique donna sa complète approbation au plan de M. Liddell.

Elle admit bien, qu'à l'abri de la nouvelle jetée, il pourrait se former un dépôt de sable à l'entrée du port actuel; mais elle déclara que ce dépôt serait sans importance, ne gênerait pas cette entrée, et, dans tous les cas, serait facilement enlevé.

Enfin, la Commission, *à l'unanimité*, reconnut que s'il

ne se formait pas de dépôt, le projet du nouveau port *ameliorerait très-certainement l'accès du port actuel.*

Ces déclaratiens sont très-importantes, la dernière surtout, puisqu'elles établissent, d'une manière incontestable, les améliorations que le projet doit apporter au régime de l'ancien port, au profit du commerce tout entier.

Pour le reste, c'est-à-dire, pour ce qui concerne les craintes d'ensablement, il nous sera permis de préférer à de simples appréhensions que l'on ne justifie par aucune démonstration déduite des faits bien observés, les opinions très-arrêtées de tous les ingénieurs des Ponts-et-Chaussées, de tous les marins français et anglais qui ont, pendant de longues années, étudié notre plage : — et de dire avec toute confiance que les ensablements, s'il s'en produit jamais, ce qui est fort douteux, seront peu importants et très-facilemrnt rendus inoffensifs par les moyens que la Compagnie propose.

La puissance de ces moyens peut s'apprécier avec une grande certitude, car on n'est plus là dans le domaine des conjectures. Ces moyens sont employés *tous les jours* et dans les plus grands ports de l'Angleterre ! Les résultats sont excellents. Pourquoi n'en serait-ils pas de même ici ?

L'autorité d'une pareille expérience ne peut être écartée par de simples présomptions.

La Commission nautique, passant du domaine des choses maritimes dans celui des questions financières, qui ne sont guères de sa compétence, a déclaré, à la majorité d'une voix, insuffisantes les garanties offertes par la Compagnie du nouveau port.

Il serait difficile de justifier cette assertion, plus difficile encore de comprendre comment, en l'absence de tout document, de toute explication des demandeurs en concession, la Commission a pu se prononcer sur ce point.

En effet, les observations de la Compagnie nautique tombent devant la situation des puissantes Compagnies du South-Eastern et du London Chatham & Dover Railway qui veulent créer à Boulogne leur principale station sur la côte française.

Il suffira, pour s'en convaincre, de jeter un coup-d'œil sur le relevé des recettes faites en 1872 par les deux Compagnies que nous donnons à l'*Appendice* et de voir qu'elle est l'importance de leur capital. [*]

Ces chiffres montreront, avec plus d'éloquence que nous ne le saurions faire, quelle grave erreur a commise en cela la majorité de la Compagnie nautique; au risque d'infirmer par cela seul toute la valeur des propositions contraires au projet qui se sont produites dans la discussion.

V.

L'enquête et ses résultats.

C'est dans cet état d'inévitable controverse que le 22 octobre s'ouvrait l'enquête.

A part les simples adhésions qui sont assez nombreuses, cinq dires principaux ont été ou inscrits au procès-verbal, ou déposés pour y être annexés.

Les trois premiers, favorables sans restriction, ont pour auteurs MM. Cucheval-Clarigny, — Joseph Hénin, — S. W. Waley.

---

[*] Voir à l'*Appendice*. Document N° 11.

Le quatrième, tout à fait contraire, émane de M. GOURNAY-BOULANGER.

Le cinquième, dont les conclusions sont en faveur du projet, en discute cependant l'utilité et les chances de succès, c'est-à-dire, d'innocuité par rapport au port actuel, avec des développements et par des considérations qui s'imposent à l'examen. Il a pour auteur M. *Ferdinand* FARJON, ancien capitaine du génie, aujourd'hui fabricant associé de plumes métalliques à Boulogne.

Dire de M. CUCHAVAL-CLARIGNY.

M. CUCHEVAL-CLARIGNY, — après quelques considérations générales sur la nécessité d'améliorer tout le système de communication entre la France et l'Angleterre, nécessité qui ne saurait faire doute pour quiconque suit les développements du Commerce, et sur les luttes engagées de toutes parts contre les lignes françaises pour la possession du transit; — se félicite vivement de voir se produire un projet qui lui semble bien conçu, et qui prendra sa grande part dans les moyens d'action et de prospérité de notre pays. Il se borne à demander que la nouvelle jetée du S. O. soit reportée plus au Sud de telle sorte que faisant avec la plage un angle plus obtus, elle fasse éprouver moins de déviation au courant de transport des sables.

Les études soumises aux enquêtes n'étant jamais que des *avant-projets* essentiellement modifiables, ce conseil pourra être suivi, si la science le juge bon.

Dire de M. J. HÉNIN.

M. J. HÉNIN, à qui de très-longues observations ont donné quelque autorité dans ces matières, — après avoir établi l'utilité du projet sous les différents aspects où on le puisse discuter, c'est-à-dire — comme refuge, — comme élément d'activité pour notre commerce intérieur, et de concurrence heureuse pour la conservation du transit, — développe avec grand soin les raisons qui lui font penser que le régime de la plage n'en sera pas modifié d'une façon nuisible au port ancien. S'il saisit l'occasion pour rappeler et recommander ses propres plans, infiniment plus vastes et plus grandioses, sans assez se préoccuper peut-être des impossibilités financières d'exécution, il n'en est que partisan plus décidé de travaux qui, en ajoutant un nouveau port à celui que nous possédons, ne feront, dans sa pensée, que préparer à Boulogne un magnifique avenir.

Pour la grandeur des conceptions, la justesse des aperçus à l'égard des concurrences dangereuses de l'étranger, la *nécessité* de nous en défendre avec résolution, de s'élever, pour agir enfin, au-dessus de toutes les considérations secondaires — pour le sentiment d'intelligent et vrai patriotisme qui l'a inspiré — ce dire fait le plus grand honneur au citoyen dévoué qui l'a écrit.

Dire de M. Waley

De tous les hommes qui, bien qu'étrangers à la pratique de l'art de l'ingénieur, en ont cependant, — par les études favorites de toute leur vie, — par de nombreux voyages, — par l'observation sagace et profonde, conquis une intelligence trés-élevée ;— de tous ceux qui connaissent le mieux l'Angleterre, ses établissements commerciaux, ses ports, ses voies de communication, les Compagnies qui les ont créées, leur situation financière, leur direction et leur crédit ; — il n'en est pas un qui mérite plus de confiance, et ait plus le droit d'être écouté, que M. Waley. Toutes les personnes qui ont l'honneur de le bien connaître se le représentent volontiers comme étant, à l'étranger, le sage et bon Génie de notre Ville. Dans toutes les grandes circonstances où son avenir semblait engagé, il ne lui a jamais, depuis près de 30 ans, donné que des conseils qu'eussent avoué l'expérience la plus longue et la raison la plus sévère. Dans la question qui nous occupe, sa compétence ne s'affirme pas seulement par ces connaissances générales qui permettent de traiter, avec quelque autorité, tout sujet donné. Notre port, notre plage, ceux de Folkestone et de Douvres, les conditions nautiques de la traversée du détroit, tout cela lui est familier depuis la grande part personnelle qu'en 1850 et 1851 il a prise aux enquêtes du Parlement anglais sur le service des Malles, et depuis les écrits spéciaux qu'il a consacrés à la longue discussion sur la division de ce service entre Calais et notre port.

Eh bien! M. WALEY, ce déposant si consciencieux, n'éprouve pas d'hésitation. Il n'a de doute ni sur le succès des travaux projetés, ni sur la bonne influence qu'ils exerceront à l'égard de l'entrée désormais mieux abritée du port ancien. Il n'a aucune crainte d'ensablement *sérieux*, c'est-à-dire, capable de dominer les moyens que la Compagnie saura employer pour l'écarter soit de son port, soit des accès du nôtre.

Il juge ce port nouveau comme il doit l'être, — parce qu'un jour notre Gouvernement le rachètera pour l'affranchir, — c'est-à-dire : comme le commencement d'une série de travaux exécutés sur le seul terrain où il y ait de la place à prendre encore, — la plage et la mer elles-mêmes, — et comme devant se relier aux ouvrages intérieurs du port ancien, pour ne constituer un jour qu'un ensemble considérable, un grand port placé où la nature veut qu'il le soit, dans la partie du détroit où les eaux sont le plus hautes, les ensablements le moins à redouter ; et destiné à féconder par son action le Nord et l'Est de la France.

Quant à la puissance des Compagnies du *South-Eastern* et du *Chatham*, qui réunies, et sous un autre nom, vont entreprendre cette œuvre, *et qu'il connaît mieux que per-*

sonne, il l'affirme dans des termes d'autant plus faits pour inspirer une confiance absolue que, loin d'exagérer cette puissance, il la réduit.

Nous avons tenu, Messieurs, à nous créer à nous-même cette confiance et à l'inspirer à tout le monde par nos recherches particulières [*].

Sur le *South-Eastern*, pour un parcours de 347 milles anglais (558 kilomètres), les recettes qui, en 1872, ont été de 44,545,822 fr. 75 c., ce qui donne 79,322 par kilomètre seront, à en juger par le produit des 21 dernières semaines, à la fin de 1873 de près de 50,000,000 de francs.

Sur le *Chatham*, pour un parcours de 138 milles (222 kilomètres), les recettes de 22,990,825 francs en 1872, ce qui donne 103,606 par kilomètre, atteindront près de 26,000,000 en 1873.

Or, les recettes de notre chemin de fer du Nord qui ont été, en 1872, en chiffres ronds, de 113 millions sur un parcours effectif de 1617 kilomètres, ancien et nouveau réseau, ne donnent que 69,888 francs de recette moyenne par kilomètre.

Les deux lignes anglaises possèdent donc un fructueux domaine. De nouveaux embranchements sollicités par le bill du 10 novembre 1873, ci-dessus mentionné, vont l'agrandir. Sa jonction avec le *Metropolitan*, le chemin de ceinture de Londres, va le rendre plus productif. Leur fusion réduira, dans une proportion considérable, leurs dépenses d'administration : et M. LIDDELL n'a rien dit d'elles devant la Commission nautique qui ne fût pleinement autorisé.

---

[*] Voir à l'*Appendice*, pour la justification de tout ce qui suit, le *Document* N° II.

A l'évidence, ce sont des intelligences actives et des capacités de premier ordre qui les dirigent.

Dire de M. GOURNAY.

Le dire de M. GOURNAY n'est que l'expression d'une pensée personnelle qui restera sans écho, et dont la Commission d'enquête ne tiendra probablement pas plus de compte que l'opinion publique.

Si son auteur avait mieux connu les faits, il n'eut pas considéré comme anti-nationale une œuvre que notre Chambre, et avec elle les hommes les plus amis de notre pays ont inspirée, et qu'ils soutiendront.

Nous ne croyons donc pas devoir en parler davantage : notre réserve sera comprise.

Dire de M. FARJON

Le dire de M. FARJON, favorable dans ses conclusions, contraire — ou plus exactement critique un peu paradoxal dans sa discussion, et manquant le but précisément par ce qu'il le dépasse, — est d'autre sorte, et commande que l'on s'y arrête plus longtemps.

L'auteur qui le dépose à la dernière heure de l'enquête publique, 21 novembre, débute par cette remarque, révélatrice des dispositions qu'il apporte au débat, que plusieurs des raisons que l'on a fait si énergiquement valoir contre le projet des frères Waring, et qui seraient opposables au nouveau plan, ne se produisent cependant pas! Il en conclut qu'elles n'avaient pas même convaincu leurs auteurs !

Ce trait ne saurait nous atteindre. Notre Chambre n'a rien à regretter, rien à retrancher de ce qu'elle a pu écrire en 1869. Ses impressions d'alors sont encore vivantes en elle aujourd'hui. Sans le moindre doute, il est fâcheux qu'un instrument de relations de l'importance d'un port de mer soit, sur quelque rivage que ce puisse être, remis aux mains d'une Compagnie privée. On en peut dire autant du tunnel sous-marin qui, suivant toutes les probabilités, s'exécutera. Les Gouvernements devraient toujours se réserver de tels ouvrages, et en disposer sans intermédiaire dans l'intérêt de tout le monde.

Mais, en dehors des lois morales, quand les circonstances sont plus fortes que les principes, il faut bien que les principes fléchissent ; et des générations successives ne peuvent pas se condamner à l'immobilité par respect pour des abstractions de ce genre. Le Gouvernement lui-même, par l'organe autorisé de M. Deseilligny, le Ministre de l'Agriculture et du Commerce, ne faisait-il pas ces jours derniers appel à l'initiative privée ? Ne lui demandait-il pas de le suppléer dans la grande œuvre de l'amélioration de nos ports ? — Que fait la Compagnie du nouveau port si ce n'est répondre à cet appel éloquent, et devancer de beaucoup d'années, l'heure où le Trésor aura pu recouvrer les facultés d'action dont il est aujourd'hui dépourvu? Le droit de rachat réservé, comme le conseille M. Waley, et comme la Compagnie l'entend et l'accepte expressément, sauvegarde tout ce qui doit être, sous ce rapport, sauvegardé.

Il opérera la rançon de l'avenir.

Remarquons encore, en un seul mot, que le projet des frères Waring ruinait deux villes dignes du plus grand intérêt. Et pourquoi ? pour une aventure, pour jeter un port dans les eaux les plus périlleuses du détroit et sur une côte déserte, inhabitable ! Le projet que nous discutons ici respecte, au contraire, toutes les existences ; et le port qu'il crée, dans une situation nautique déjà jugée bonne par la facile accessibilité du port actuel, confine au territoire d'une

Ville populeuse, toute pleine des ressources que les siècles et l'activité laborieuse de ses commerçants y ont accumulées.

La différence est grande ! et différent doit être le jugement.

— Le déposant divise, ensuite, son dire en trois sections :

A. — Considérations *juridiques.*

B. — Id. *techniques.*

C. — Id. *économiques.*

A. — La *première* section agite inutilement la question de savoir à quelle Autorité il appartient d'accorder la concession. Elle était résolue d'avance par la loi du 27 juillet 1870, laquelle décide que : « Tous grands travaux publics, » routes, canaux, chemins de fer, bassins et docks, entre» pris par l'Etat ou par des Compagnies particulières, » avec ou sans péage, avec ou sans subside du Trésor, avec » ou sans aliénation du domaine public, *ne pourront être » autorisés que par une loi rendue après une enquête admi» nistrative.* »

Ce texte s'applique évidemment au projet, et personne ne doute que l'Assemblée nationale n'en doive connaître.

— L'auteur estime aussi que la concession des terrains à conquérir sur la plage et la mer par les dépôts que donneront le creusement du port et du chenal, et les dragages ultérieurs, devrait être, comme la concession du port lui-même, non perpétuelle, mais restreinte à quatre-vingt-dix-neuf ans.

Nous ne partageons pas cette opinion. Le port avec ses jetées, ses digues, ses quais, les voies publiques créés pour le desservir, et les ouvrages analogues, tels que les docks, que la Compagnie pourrait construire, représentent seuls ces intérêts généraux du sort desquels les Gouvernements sont tenus, par leur essence même, de prendre un continuel souci, et à la garantie desquels ils doivent précisément appliquer l'esprit de lointaine prévoyance qui est pour eux la raison même.

Mais des entrepôts, des magasins généraux, des hôtels, des maisons, toutes ces créations que dans l'avenir la Compagnie concessionnaire pourra édifier sur les terrains qu'elle aura formés de toutes pièces elle-même, appartiennent essentiellement à l'ordre des intérêts personnels. L'État n'en a que faire : il est le plus souvent avantageux qu'il les abandonne à l'initiative privée. La perpétuité du droit de propriété se rattache donc étroitement à cette catégorie de possessions, comme la conséquence à sa cause ; et la première notion qui se présente à l'esprit non prévenu est que le contester n'est pas rationnel.

Le droit inaliénable d'expropriation pour cause d'utilité publique en est le correctif très-rassurant, dans l'hypothèse où la possession privée se trouverait préjudiciable à un intérêt d'ordre supérieur.

Au surplus, sur ce sujet, c'est au déposant lui-même qu'il faut en appeler ! N'a-t-il pas, dans la conclusion de son dire, appelé de très-haut tous les esprits sérieux, tous les capitaux économisés, à entrer dans cette voie, qu'il a nommée *féconde*, de l'iniative privée s'appliquant, à défaut des Trésors publics obérés, à ces grands travaux qui régénèrent tout un pays? Or, les capitaux ne se donnent pas : il leur faut un loyer suffisant pour se récomposer et fructifier. Et le seul moyen d'encourager et de faciliter leur action, est de leur assurer cette rémunération large et sûre, sans laquelle ils se refusent.

B. — Dans ses *considérations techniques*, l'auteur est bien près d'admettre que des ensablements seront occasionnés par les travaux projetés du nouveau port. Nous ne voulons pas le suivre dans cette voie d'allégations et de conjectures. Il nous suffit d'opposer à ces déductions plus ou moins habiles la *Note* si ferme de M. l'Ingénieur en chef LEGROS du 10 août 1872 que nous avons analysée, et dont les conclusions sont diamétralement contraires. Il suffit de leur opposer aussi l'opinion que professait le sage M. MARGUET, quand les mêmes appréhensions se mettaient à la traverse de sa création si utile de la nouvelle entrée de notre port ; — tout ce qu'en ont dit les marins anglais et français dans l'enquête sur le projet d'Audresselles ; — et tout ce que MM. les ingénieurs de la Compagnie ne manqueront pas de répondre à ce genre d'objections par simple induction, reposant sur des faits aussi contestés qu'il sont contestables.

Et, au surplus encore, l'auteur n'avoue-t-il pas lui-même qu'après de longues années d'observations, les ingénieurs et les hommes de mer qui, dans leurs monographies ont, depuis 25 ans, étudié le régime de nos plages dans ses rapports avec les courants et le mouvement des sables, — le général du génie TRIPIER, — l'ingénieur en chef du port de Dunkerque M. PLOCQ, — le capitaine de frégate M. DUMAS-VENCE, — ne sont point parvenus à s'entendre ? C'est que les lois multiples et très-variables de ces allées et venues des sables, sous l'impulsion des flots, n'ont pas encore été découvertes et ne le seront peut-être jamais !

Et l'auteur ne conclut-il pas à l'octroi de la concession, c'est-à-dire à l'exécution des travaux ; ce que, certes, il se donnerait garde de faire, si ses convictions contraires étaient le moins du monde bien arrêtée dans sa pensée ?

Qu'il nous soit donc permis de tirer avantage de ses propres incertitudes.

C. — Dans ses considérations *économiques*, le déposant, créant de toutes pièces, et avec une grande subtilité d'esprit, des hypothèses très-ingénieuses, mais qui ne sont rien de plus, fait du trafic du monde entier un partage anticipé des plus hardis, dans lequel le lot attribué à notre port est fort exigu.

Sa conclusion est :

1° — Qu'à l'égard des *voyageurs*, le vrai point du passage est et doit être à toujours Calais ; — et que, d'ailleurs, Boulogne n'a aucun intérêt à voir de nombreux passagers passer en wagons devant elle : — d'où la déduction rigoureuse que, sous ce rapport, le nouveau port lui est inutile.

2° — Qu'à l'égard des *marchandises*, les transports à petite distance, tels que la simple traversée du détroit, étant plus économiques par de petits véhicules que par des grands, Boulogne n'a aucun intérêt à posséder un port profond qui lui permette de recevoir des marchandises à toute heure et dans tous les états de la marée.

L'esprit, réduit à lui-même, est un instrument dangereux qui blesse celui qui l'emploie ; et en voici, une fois de plus, la preuve.

— D'abord, ces propositions sont inconciliables avec ce que le déposant écrit dans son résumé, où il dit textuellement :

> « Nous ne nous inscrivons pas contre le projet. Sans nous
> » associer à toutes les espérances des personnes qui désirent
> » le construire et l'exploiter, nous admettons qu'il pourra
> » rendre des services, et contribuera à développer le com-
> » merce Boulonnais. »

— Ensuite, dût le port agrandi de Boulogne n'avoir pour rayon habituel de son action, en concurrence avec Dunkerque et Calais, que le Nord et l'Est de la France, ainsi que leurs attenances à l'étranger, les destinées promises au travail, en dépit de l'esprit de discussion et de désordre moral qui agite notre temps, sont si grandes, qu'il aurait encore à se tenir pour très-satisfait de son rôle. L'intelligence et l'activité de ses négociants se chargeront bien, dans l'avenir comme aujourd'hui, d'étendre incessamment ce rayon, et, dans tous les cas, de le féconder.

— Quant aux *voyageurs* — une Ville qui en 1862, aller et retour, recevait ou expédiait 161,600 passagers, — qui en 1872, — après l'ouverture du chemin de fer de Calais à Boulogne; et en dépit des avantages que la fixité et la régularité du service des malles, aussi bien que son assiette au sommet du triangle de partage des voyageurs entre le Nord et le Sud donnent à Calais — en avait encore 105,000, — cette Ville, croyons-nous, ne consentira jamais à se laisser déposséder de son rang de port de grand passage.

Encore bien moins fera-t-elle ce sacrifice quand elle se verra à la veille de posséder précisément ce qui lui manque, la faculté de recevoir des navires à toute heure.

C'est en vain qu'on lui dira que tel passager donné ne lui rapporte rien, ses instincts plus forts et plus éclairés que tous les raisonnements du monde lui diront que le jour où de nombreux voyageurs cesseront d'y passer marquera l'instant de sa décadence. Elle ne voudra pas de ce suicide.

Enfin, quant aux *marchandises* et à leur apport par de puissants paquebots, — outre que le frêt de ces bâtiments est toujours moins cher, puis qu'à dépense en personnel et en combustible peu sensiblement supérieure à celle des petits steamers luttant plus difficilement contre les flots, ils portent de bien plus grandes quantités, il suffit, pour infirmer la valeur des subtiles distinctions du déposant, de faire remarquer que le trafic des voyageurs est pour les entreprises de navigation régulière, comme pour les chemins de fer, l'appoint nécessaire de celui des marchandises, et que leur prospérité est à cette condition. Il est donc, au premier chef, de leur intérêt de s'aménager de telle sorte qu'elles puissent économiquement, et vite, transporter les unes et les autres.

On l'a dit il y a longtemps : *la marchandise suit le voyageur.*

La création d'un grand port en eau maintenue toujours profonde, — l'emploi de grands paquebots pour le desservir avec régularité, — la création, l'heure venue, de nouveaux bassins à flot, de vastes entrepôts, seront pour Boulogne la source incontestable d'une prospérité toute nouvelle.

Sachons donc nous saisir de ce bel avenir entrevu, quand il se présente à nous ; et ne le compromettons pas à l'avance soit par des dissentiments qui n'ont aucune raison d'être, soit par des craintes exagérées d'ensablements qui, selon les plus sûres apparences, ne se produiront jamais ; et dont, en toute hypothèse, le travail humain saura bien avoir raison.

VI.

Opinion des Chambres de commerce consultées.

Il nous reste à vous dire, Messieurs, que la Chambre de commerce d'*Arras*, par délibération du 14 novembre, — celle de *Calais*, par délibération du 24, — celle de *St-Omer*, par délibération du 7 du même mois, — et, toutes trois, sur le rapport de leurs présidents respectifs : MM. *Maurice*

COLIN, *Louis* BELLARD et *Constant* DUMÉRIL, ont exprimé les avis les plus favorables à l'entreprise.

Toutes les trois avaient condamné le projet du port d'Audresselles! Leur adhésion d'aujourd'hui, en même temps qu'elle est une marque élevée d'intérêt et, pour l'une d'elles, une preuve d'indépendance d'esprit et de haute impartialité, dignes de notre reconnaissance et de beaucoup d'éloges, justifie, à l'égard de la conception nouvelle, l'attitude que nous avons prise.

Nous attendons avec déférence l'avis de la Commission d'enquête. [*]

VII.

Résumé et Opinion de la Chambre.

En résumé, Messieurs, la question qui se présente doit, il nous semble, être prise de plus haut que ne l'ont fait quelques-uns des documents que le rapport que nous achevons a eu pour but de vous faire connaître.

Même pour le *Commerce général*, les ports d'échouage ont fait leur temps. La substitution de plus en plus prononcée des grands navires aux petits, des puissants paquebots aux steamers de faible échantillon, les frappe d'un complet discrédit. Les bâtiments de moyen tonnage n'en veulent même plus. Tous recherchent les eaux constantes, les facilités, les célérités, les économies dans la manutention des marchandises qu'elles permettent d'obtenir.

---

[*] Le Conseil municipal de Boulogne a, de son côté, dans une séance tenue le 9 décembre, exprimé un avis des plus favorables au projet, dans des termes dont la force et l'élévation font de sa délibération une œuvre des plus remarquables et qui s'impose à l'attention.

Preuve ! l'insuffisance de notre bassin à flot à peine ouvert, — la désertion à peu près complète de notre port d'échouage !

La *pêche* elle-même avec ses bateaux de 50 à 70 tonneaux a le plus grand intérêt à disposer de ports qui lui permettent de les tenir toujours à flot. Qui pourra jamais dire quelles pertes énormes lui impose dans les grandes saisons, l'obligation où elle est d'attendre, pour reprendre la mer et profiter du passage du poisson, qu'une marée nouvelle ait succédé à une autre marée ?

Pour les *relations internationales*, la profondeur et la quasi-stabilité des eaux est désormais de nécessité première. Seules, elles assurent la fixité et la régularité dans les traversées du détroit. Ce sont des conditions qu'il faut impérieusement que notre port remplisse s'il ne veut devenir absolument étranger à ces relations, voir sa clientèle du dehors le déserter, ses négociants les plus capables émigrer, son avenir se clore.

Pour les *stations militaires*, il est vraiment inutile de dire que des profondeurs d'eau perpétuelles sont l'indispensable même.

Quant aux *ensablements*, soit au nord-ouest de notre plage, soit même à l'entrée de notre port actuel, si l'on ne peut pas dire des craintes exprimées à leur égard qu'elles sont absolument chimériques, on peut, en toute sécurité, les taxer d'extrême exagération. *Livrés à eux-même*, il s'écoulerait de longues années avant que ces ensablements ne fussent dangereux ; mais il n'en sera pas du tout ainsi ; la Compagnie disposera de moyens sûrs pour les *recueillir*, comme on le fait dans tous les ports de l'Angleterre, de vastes espaces pour les *utiliser*. Et le jour lointain où il faudra les perdre, en haute mer, ce ne sera pour elle qu'un accroissement de dépenses, une réduction de bénéfices, mais cette tâche à remplir ne lui sera pas mortelle !

Quand tout grandit autour de nous ; — quand un port étranger, presque notre voisin, Anvers, doté d'un grand fleuve, de bassins multipliés, de voies de communication nombreuses, d'apparaux puissants, menace d'attirer à lui tout le Commerce du Nord ; — quand le but évident des dépenses énormes qui s'y font est de détourner de la France, pour le donner à l'Allemagne, tout le transit vers le Midi de l'Europe et vers l'Orient, et de nous ravir ainsi l'un des plus beaux fleurons de notre fortune commerciale, — sachons au moins tirer parti des avantages qui nous restent, de celui-là surtout que rien ne remplacera, *la brièveté de la traversée ;* et accueillons avec sympathie une conception qui est bien française, — car c'est ici même qu'elle est née, — et du succès de laquelle tout notre avenir va dépendre.

Est-ce à nous d'oublier que Boulogne est sur la voie la plus courte de Paris à Londres ; et qu'il le sera bientôt même pour celle de Londres à l'Est de l'Europe ?—Et serons-nous infidèles aux destinées que cette situation privilégiée nous assure, pour peu que nous nous décidions enfin à seconder, par notre union et nos efforts, la fortune qui s'offre à nous.

Si vous partagez, Messieurs, ces idées et ces espérances, il ne vous restera qu'à les traduire sous la forme d'une brève délibération ; et voici le projet d'avis que nous aurions l'honneur de vous soumettre :

« La Chambre de commerce de Boulogne-sur-Mer,

» Vu la demande en concession formée par la Compagnie anglo-française du nouveau port de Boulogne ;

» Vu spécialement le tarif des perceptions proposées pour constituer le revenu de cette création ;

» Vu toutes les pièces formant le dossier de l'enquête, ensemble les différents dires qui s'y sont produits ;

» Vu la loi du 27 juillet 1870 ;

» Ouï le rapport dont la teneur précède, et en adoptant les conclusions et propositions ;

» Considérant qu'il y a lieu de tenir pour des plus équitables les conditions de la concession proposées par la Compagnie ; à savoir : — quatre-vingt-dix-neuf ans pour la durée de la possession à titre privé de son port et des ouvrages spéciaux, tels que les jetées, les digues, les quais, les docks, les voies publiques qui le constitueront et le compléteront : années après lesquelles ce port fera gratuitement retour à l'Etat ; — droit perpétuel de propriété pour les terrains limités qu'elle aura conquis sur la plage et la mer, et les entrepôts et magasins qu'elle aura édifiés.

» Que la stipulation du droit de rachat du port à toutes les époques de la période de quatre-vingt-dix-neuf ans, suffit à la sauvegarde des intérêts généraux qui pourraient rendre nécessaire sa prise de possession anticipée par l'État ;

» Que le droit d'expropriation pour cause d'utilité publique sera toujours ouvert à l'égard des terrains concédés et de leurs superfices ;

» Considérant, d'autre part, que le tarif des perceptions proposé par la Compagnie est des plus modérés ; basé qu'il est soit sur la loi récente de la marine marchande qui n'a suscité en cette partie aucune réclamation sérieuse, soit sur les prix des mêmes services déjà usités ici depuis de longues années, et acceptés comme justes par tout le monde ;

» Considérant que les travaux projetés sont, en eux-mêmes, bien conçus ;

» Qu'il est à l'unanimité reconnu que dans le cas où ils ne modifieraient pas très-sensiblement le régime de la plage au Nord-Ouest du port nouveau, ils amélioreront, en l'abritant, l'entrée du port ancien.

» Considérant que ces modifications sont plus qu'incertaines ; tandis qu'il est démontré par l'expérience, qu'à l'aide tant des dragages qu'elle opérera constamment, ainsi que cela se pratique dans les ports principaux de l'Angleterre, que des ouvrages nouveaux déjà indiqués que la situation lui conseillerait de construire, la Compagnie pourra toujours les rendre inoffensives.

» Considérant que l'engagement formel qu'elle a pris dans la Note annexée à sa demande en concession, et qui en fait partie intégrante, d'enlever tous les attérissements qui « pourraient se

» former, par suite de l'exécution des travaux, à l'entrée tant du » nouveau port que du port actuel de Boulogne, de manière à ne » compromettre en rien la situation de ce dernier port, » désintéresse complètement, à cet égard, et l'État et la Ville de Boulogne.

» Considérant que la haute moralité des représentants officiels de la Compagnie qui prend cet engagement, son capital propre, la valeur des ouvrages qu'elle aura construits, la puissance financière et l'état de prospérité des deux Compagnies anglaises du *South-Eastern Railway* et du *London Chatham and Dover Railway* qui en seront les actionnaires principaux, très-intéressés à prévenir toute déchéance, présentent à l'Etat et à la Ville des garanties de premier ordre et très-suffisantes.

» Considérant, enfin, qu'il n'est pas contesté que la création du nouveau port rendra les plus grands services à la Ville de Boulogne, et sauvegardera son avenir.

» Que l'Industrie et le Commerce de la Région que ce port est appelé à desservir, en profiteront comme elle ;

» Qu'en cela, l'intérêt public et l'intérêt de la Cité se confondent absolument ;

» Considérant que le port nouveau est destiné à exercer la plus grande influence sur la direction du Transit ; qu'il contribuera très-certainement à le conserver à la France, et à l'empêcher de se détourner sur Anvers, pour aller prendre les lignes étrangères. Qu'à ce point de vue, le projet revêt un caractère très-élevé d'entreprise nationale.

» En prenant acte de l'engagement contracté devant la Commission nautique, par l'ingénieur et l'un des représentants principaux de la Compagnie, de creuser, dès les premiers temps de l'ouverture du port, un chenal d'accostage pour les navires de Commerce, égal à celui qui aura été établi pour les paquebots des Compagnies intéressées, et de telle sorte que ce port offre le plus tôt possible un refuge aux forts navires exposés dans le détroit ;

» Et moralement certaine, d'ailleurs, que la Compagnie se concertera toujours avec elle pour le réglement de ses perceptions, afin de concilier dans toute la mesure du possible avec ses intérêts propres les intérêts commerciaux et maritimes de la Ville de Boulogne ;

» Est d'avis :

» 1°. — Que le projet soumis à l'enquête a tous les droits à la déclaration d'utilité publique ;

» 2°. — Qu'il est conçu de la façon la plus convenable au but proposé ; et qu'il doit être dans l'ensemble agréé tel qu'il se produit ;

sauf les modifications et améliorations de détail qui pourront résulter des conférences entre MM. les Ingénieurs de la Compagnie et les Conseils du Gouvernement en matière de travaux de cet ordre. »

La Chambre,

Après en avoir délibéré, adopte, à l'unanimité, le projet de résolution qui vient de lui être soumis, le convertit en avis formel, et autorise son Président à le transmettre, avec le Rapport qu'elle a entendu, tant à la Commission d'enquête qu'à Monsieur le Préfet du Département.

POUR EXTRAIT CONFORME :

Le Secrétaire-Titulaire de la Chambre :

A. VIDOR.

APPENDICE

APPENDICE

DOCUMENT N° I.

DIRE ADRESSÉ A LA COMMISSION D'ENQUÊTE PAR LE COMITÉ DES ARMATEURS DE PÊCHE.

[Voir page 16 du Rapport.]

Bien que ce dire ait déjà reçu une assez grande publicité dans les journaux de la Ville, la Chambre, le considérant comme un complément très-utile de son propre travail, auquel il apporte des faits nouveaux présentés dans une forme excellente, a décidé qu'il y serait annexé.

Le Commerce assure la prospérité de toutes les Villes où les voies de communication procurent sécurité et célérité aux transactions industrielles. Rapidité, sécurité, c'est l'économie ; et l'économie en affaires est le but, l'objectif de toutes les vastes entreprises.

Aucune voie, plus que celle de la mer, n'est l'objet des prédilections du commerce. Dès qu'un port s'ouvre à ses vaisseaux, il s'en empare pour faire affluer la fortune dans la ville qui s'y adosse. Plus le port est important, plus la richesse y abonde. C'est d'une vérité incontestable.

Même dans les temps anciens, alors que le commerce en enfance se bornait à des échanges restreints, les Villes—ports de mer—prenaient sur les Villes d'intérieur une prééminence signalée. De nos jours, les ports vastes et sûrs font de leurs villes les Reines, les Capitales du monde commercial, les entrepôts du globe.

L'Angleterre au sol ingrat, au domaine restreint s'il était borné aux Iles Britanniques, doit tout à ses ports. La Prusse le sait bien ; et son génie, fatal au nôtre, cherche à s'ouvrir un débouché vers la mer, non plus dans les glaces de la Baltique, mais près de nos frontières, en Belgique, où le port d'Anvers s'agrandit comme une menace.

La Prusse prévoyante, persévérante dans son œuvre, cherche à atteindre la France dans son commerce. Anvers est la forteresse élevée contre notre fortune.

Le cri d'alarme a été jeté par M. Amédée Marteau dans une brochure ayant titre : *Le Port d'Anvers*, où, en réponse à la question : « Où Anvers a-t-il trouvé l'argent nécessaire ? » M. Amédée Marteau dit que l'auteur et l'exécuteur des projets réalisés est M. Stroussberg, le Prussien des chemins de fer de Roumanie, le protégé de M. de Bismark : et prouve qu'Anvers n'a qu'à s'adresser à l'Allemagne pour en obtenir argent et avantages de transit. M. Marteau conclut par ce passage, qui doit bien faire réfléchir la France : « Anvers a été aidé d'une » part par nos fautes et notre inertie, de l'autre par des intérêts » en antagonisme avec les nôtres..... Il y a conspiration, conspi- » ration évidente contre nous, non-seulement au point de vue de » la grandeur nationale, mais au point de vue commercial. On » veut créer des courants contraires et nul sacrifice ne coûtera » *à personne*, pour y parvenir. Au Nord, Anvers contre le Havre » et les ports de la Manche, Anvers présentement peuplé d'Alle- » mands ; au Midi, Gênes contre Marseille..... »

L'Italie aidant son alliée, la Prusse ! N'y a-t-il pas là de quoi faire sortir la France de son inertie et l'engager à élever forteresse contre forteresse, ports contre ports.

Parmi les ports à créer, celui qu'on projette à Boulogne réunit les avantages de la bonne position géographique et d'adossement à une Ville en pleine prospérité.

Une Compagnie s'est formée pour créer ce port, non point avec les compléments que pourra apporter l'avenir, mais capable d'attendre la progression espérée du transit des deux mondes qui s'y effectuera : — port qu'il dépendra du Gouvernement et de la bonne volonté des Compagnies de chemins de fer de rendre le rival heureux de celui d'Anvers, lorsque les tarifs de circulation et les droits d'entrée permettront de lutter avec le bon marché de nos voisins : — port qui doit transformer Boulogne en grande Ville.

Le Comité de Pêche appuie donc de tous ses vœux la réalisation du projet ; car en dehors de toutes les considérations patriotiques qui militent en faveur d'un Port en eau profonde à créer au Sud-Ouest du port actuel, il peut encore motiver son opinion sur les avantages sérieux qu'en retirera la Pêche qu'il représente ici.

La Pêche, source de la prospérité de Boulogne, en est restée l'un des plus importants éléments, puisqu'en ne chiffrant que les produits vendus à la Halle au Poisson depuis son ouverture, on trouve les totaux suivants :

En 1867	6,811,242 fr.	36 c.
1868	6,603,260	33
1869	6,288,128	17
1870	4,705,548	11
1871	7,616,173	»
1872	6,430,977	31
Ensemble	38,455,329 fr.	28 c.

La Pêche subit l'influence du bon ou mauvais état de notre Port ; — et nous en avons la preuve irréfutable dans un mémoire lu au Conseil municipal le 2 mars 1792 : « Le nombre de nos » matelots, y est-il dit, a éprouvé des variations, selon l'attention » que le Gouvernement a eue d'entretenir notre port. En 1713, » on se plaignait que, par sa négligence, l'entrée et la sortie en » étaient devenues si dangereuses, et qu'il se perdait annuellement » un si grand nombre de bateaux pêcheurs, que les propriétaires » ne se souciaient plus de les renouveler. Les matelots, sans » occupation et accablés de misères, se retiraient dans d'autres » villes, ou même passaient en Angleterre, à Ostende, à Nieuport ; » de sorte qu'on *ne comptait plus alors que trente pêcheurs de* » *harengs dans le port de Boulogne.....* ! »

Mais, sans puiser dans ce mémoire volumineux et qui fait ressortir parfaitement combien les intérêts de la pêche sont liés avec la bonne accessibilité d'un port, le Comité de Pêche en trouve la preuve patente dans l'extension de l'industrie maritime depuis l'achèvement des grands travaux du port actuel. commencés vers 1829, et grâces auxquels la pêche a dû des résultats quintuples de ce qu'elle produisait auparavant.

Des chiffres feront ressortir la progression. Ils sont empruntés aux documents de la Chambre de Commerce et aux statistiques de la Marine :

En 1801, la pêche du *Quartier* de Boulogne donnait 929,916 fr.

1811,	»	»	»		»	634,476
1821,	200 bat. jaug.	3929 tonn. et	1525 h. d'éq.			1,343,792
1831,	213 »	3702 »	2005		»	1,351,401
1841,	208 »	3223 »	1717		»	2,473,293
1851,	253 »	4845 »	2660		»	2,722,319
1861,	» »	» »	»		»	4,319,714
1871,	268 »	7433 »	3093		»	8,772,937

Les bateaux de pêche qui n'étaient autrefois que les barques non pontées, que l'on trouve encore à Camiers et à Cucq, sont devenues les lougres améliorés par la science des constructeurs, perfectionnés par l'introduction de la vapeur pour le tirage au cabestan, et de l'hélice auxiliaire ; et qui font la campagne d'Ecosse avec la même facilité qu'un voyage dans les eaux du Griz-Nez.

Si la ville entière de Boulogne ne vit pas exclusivement du produit de la pêche, une portion de sa population en subsiste, et la classe maritime, si intéressante pour un pays, n'a que cette industrie pour gagne-pain.

« L'objet le plus intéressant pour l'Etat ce sont nos pêcheries, » lit-on dans le mémoire cité plus haut : il y a longtemps qu'on » a dit : *Sans pêcheries point de commerce, sans commerce point* » *de matelots*, SANS MATELOTS POINT DE MARINE MILITAIRE. *Les* » *pêcheries de Boulogne méritent donc toute la protection du* » *Gouvernement*, UN PORT SUR ET COMMODE..... »

C'est ce que le Comité de Pêche croit devoir redire ; car de la prospérité de la pêche — laquelle dépend en grande partie de l'état du port — dépend aussi le développement de la population maritime du littoral, laquelle augmente ou décroît selon les résultats plus ou moins heureux, plus ou moins fructueux de la pêche.

L'Etat a un intérêt de premier ordre à l'accroissement de notre population de marins si actifs, si industrieux, possédant les qualités qui les font estimer comme les meilleurs hommes d'équipage de tout le littoral français. Les officiers de la marine militaire pourront certifier ce fait.

La pêche qui les fait vivre, en augmentant d'importance, fera accroître le nombre des marins nécessaires à ses labeurs. Or, on peut assurer que la pêche Boulonnaise, loin d'être à son apogée, n'est encore que dans ses premiers développements. Il y a tendance à l'amélioration des engins, à l'emploi de la vapeur comme force motrice du travail et même de la locomotion des bateaux. Mais tous nos marins perdent un temps précieux par l'obligation d'attendre la marée pour l'entrée ou pour la sortie du port. Quand il existera un port en eau profonde, abordable à toute heure, l'industrie de la pêche prendra un accroissement dont on peut se faire une idée, non point en établissant des chiffres présents, qu'on pourrait contester, mais en disant ceci :

Il y aura un gain de 6 heures par marée, 12 *heures par jour, soit un voyage possible en plus par jour, quand les pêches se font sur nos côtes, pour approvisionner les marchés de marée fraîche.* Ce que cela peut produire, c'est à certaines époques favorables, et pendant le carême, les veilles de vendredis, le *double des opérations.*

Le port, tel qu'il est projeté, avec les tarifs proposés, admis par la Chambre de commerce de Boulogne, sera, on n'en peut douter, très-fréquenté par les pêcheurs pour y apporter le produit de leur pêche et l'expédier par les voies rapides. Ils n'hésiteront pas à acquitter les droits d'accostage aux quais, que la Compagnie du nouveau port a intérêt à abaisser le plus possible, puisqu'ils feront dans le même laps de temps un plus grand nombre de voyages et qu'ils retireront de leur pêche un prix plus rémunérateur.

La meilleure preuve qu'on puisse donner de cette hypothèse

est ce qui se pratique depuis que le service de remorquage à vapeur est organisé dans notre port. Nos marins en usent fréquemment quoiqu'il leur en coûte 20 francs en moyenne.

On peut donc affirmer que le nouveau port sera très-souvent et préférablement choisi à l'ancien pour les opérations de la pêche. Nos marins y trouveront également sécurité et refuge en cas de gros temps. Le port d'Audresselles offrirait-il tous ces avantages ? Il ne pourra en aucun cas suppléer le port projeté à Châtillon qui seul doit être exécuté pour protéger et développer le commerce et l'industrie de notre Ville.

Le Comité de Pêche est unanime à déclarer que les pêcheurs ne pourront faire aucun usage du port d'Audresselles tant au point de vue topographique qu'au regard des ventes, lesquelles sont impossibles loin des nombreux ateliers de salaisons créés à Boulogne.

On a parlé d'ensablements ! Nos marins ne les redoutent pas : l'expérience du passé garantit l'avenir. Si, contrairement à l'opinion des hommes de mer pratiques, il s'en produisait, la Compagnie a pris des engagements qui doivent rassurer contre cette éventualité.

Faut-il en prévision de faits éventuels, problématiques, sacrifier le présent, renoncer à des avantages incontestables non-seulement au regard de la *pêche*, mais à celui des opérations de transit et du *Commerce international ?*

Boulogne-sur-mer, *le* 16 *Décembre* 1873.

POUR LE *Comité de Pêche*, QUI A DÉCIDÉ, A L'UNANIMITÉ,
LE DÉPÔT DE CE DIRE,

Le Président,

A. VIDOR.

DOCUMENT N° II.

Puissance en capital, et en produits annuels, des deux Compagnies du SOUTH-EASTERN *et du* LONDON CHATHAM AND DOVER RAILWAYS.

[Voir page 28 et 32 du Rapport].

SOUTH-EASTERN

		(En francs, au change de 25)
CAPITAL actions	£ 14.582.230	364.555.750 f. »
— obligations	£ 4.928.744	123.218.600 »
Total	£ 19.510.974 stg	487.774.350 f. »

RECETTES :

Produit du trafic en 1872	£ 1.764.191	44.104.775 f. »

Soit pour 347 *milles ou* 558 *kilomètres* 1/2, 79.322 *francs par kilomètre.*

DÉPENSES :

Frais d'exploitation	£ 791.852	19.796.300 f. »
Intérêts, charges privilégiées et *dividendes*	£ 957.121 (5 % du capital total)	23.928.025 »
Balance réservée	£ 15.218	380.450 »
	£ 1.764.191	44.104.775 f. »

LONDON CHATHAM AND DOVER

CAPITAL actions donnant droit à un intérêt fixe	£ 13.151.225	328.780.625 f. »
— obligations	£ 5.799.672	144.991.800 »
Total	£ 18.940.897 stg	473.772.425 f. »

RECETTES :

Produit du trafic en 1872	£ 919.633	22.990.825 f. »

Soit pour 138 *milles ou* 222 *kilomètres,* 103,606 *francs par kilomètre.*

DÉPENSES :

Frais d'exploitation	£ 486.811	12.170.275 f. »
Intérêts, charges privilégiées et *dividendes*	£ 353.186 (2 % du capital total)	8.829.650 »
Balance réservée	£ 79.633	1.990.900 »
	£ 919.633	22.990.825 f. »

L'agent de change près la Bourse de Londres, à l'obligeance duquel nous devons ces chiffres précis, nous écrivait en nous les transmettant (Novembre 1873) :

« *L'année n'étant pas achevée, je regrette de ne pouvoir* » *vous adresser les renseignements que vous désireriez obtenir* » *pour les mois écoulés; mais vous pouvez tenir pour certain* » *que, sur les deux lignes, les recettes sont en grande progression.*

» *Le* South-Eastern *donne plus de* 5 0/0 *à ses actionnaires,* » *ce qui est beaucoup en Angleterre.* « Son crédit est illimité. » » *Il peut fort aisément trouver tout l'argent qu'il voudra sur* » *obligations à* 4 3/8 0/0.— *Le* Chatham *le peut également.*— » *Et c'est, sans nul doute, sur ces facilités de crédit dont les* » *deux compagnies disposent, qu'elles comptent pour couvrir* » *les dépenses du nouveau port de Boulogne.* »

Ces chiffres et ces renseignements, lesquels ont droit à une confiance absolue, suffisent à démontrer que les 4 voix contre 3, qui, dans la Commission nautique, ont émis l'opinion que ces Sociétés ne présenteraient pas de garanties suffisantes, n'étaient très-certainement pas bien instruites de leur situation.

C'est tout ce que nous en voulons dire !

DOCUMENT N° III.

LE NOUVEAU PLAN.

[Voir page 17 du Rapport].

Le nouveau plan, qui est celui-là même que nous annexons à cet écrit, procède d'une double pensée.

— Son auteur, M. Liddell, et ses conseils, dès qu'ils ont vu se produire *l'objection des sables*, quelles que fussent leurs convictions personnelles, ont voulu l'écarter de telle sorte que toute crainte sérieuse disparût, et que nul ne pût à l'avenir argumenter de ce danger pour repousser le projet lui-même.

— Dès qu'ils ont pu savoir, avec quelque précision, que le Gouvernement pourrait attacher quelque importance à posséder une station militaire dans le détroit, ils ont disposé toutes choses pour que ce désir fût satisfait.

De là les modifications à leur plan primitif qui dès les premiers jours de décembre ont été soumises à la Commission d'enquête, et qu'auront à examiner comme elle — la *Commission mixte* composée d'officiers de la Marine et du Génie, d'ingénieurs et d'agents du Domaine,— et après celle-ci le *Conseil général des Ponts-et-Chaussées.*

Les idées que ces modifications mettent en œuvre, ne sont d'ailleurs pas nées d'hier dans leur esprit. Il est tels documents du dossier de l'enquête qui les révèlent au lecteur attentif.

— Pour résoudre la question des ensablements, MM. les auteurs du projet, à la jetée extérieure pleine du Sud-Ouest substituent une jetée avec pertuis nombreux et larges. Les sables que les flots charrient dans les grandes tempêtes, lorsqu'elles ont quelque durée, pénétreront dans le port lui-même par ces ouvertures, mais ne l'envahiront point; car ils seront à leur entrée arrêtés par une digue pleine construite à convenable distance de la paroi de la jetée extérieure, et se déposeront là dans un véritable réservoir construit exprès pour eux. Ce réservoir sera maintenu, par des dragages exécutés à l'avance, à une profondeur de 2 mètres au-dessous du niveau de la plage.

La capacité de ce réservoir sera de 80 à 100,000 mètres cubes; c'est-à-dire, de beaucoup supérieure au volume des sables que les tempêtes les plus violentes et les plus longues y pourraient apporter.

La digue intérieure ne remplira pas seulement ce rôle important de retenir les sables entre elle et la jetée extérieure à pertuis; — elle aura encore une seconde utilité, en ce qu'elle brisera le ressac et assurera le calme des eaux du port.

Les ondes passant par les pertuis pour venir se briser contre la digue intérieure s'écouleront d'ailleurs par le chenal d'accès.

Il est peu probable que ce mode de captation et d'emmagasinement des sables augmente beaucoup la dépense annuelle des dragages d'entretien. Il est, au contraire, certain qu'en permettant d'établir entre la jetée extérieure et la digue de défense une estacade qu'indique le plan, laquelle recevra des rails sur lesquels marchera la drague à vapeur affectée à l'enlèvement des sables du dépôt, on atteindra une notable économie, avec beaucoup de célérité, dans l'opération du dragage.

Ce qui pourra s'amasser de sables en dehors du dépôt qui sera établi pour eux, soit dans le port, soit à son entrée, sera relativement insignifiant; et la drague flottante les enlèvera fort aisément.

Plus donc de craintes de formation de bancs à l'entrée du nouveau port, de comblement du chenal du port ancien, d'exhaussement rapide de la plage Nord-Ouest ! La Compagnie recueille les sables ; elle les utilise — dans ses terrassements,à la droite et à la gauche de son port, sous lesquels disparaîtra la plage de Châtillon,—dans le nivellement de Capécure où de si vastes espaces sont encore au-dessous des voies publiques,— dans le lestage des navires, etc,— et de bien longues années s'écouleront avant qu'elle en soit réduite à les perdre en haute mer.

— La solution militaire rencontre ses premiers éléments dans les dispositions même qui sont prises pour avoir complète raison des sables.

La digue intérieure de protection contre eux et contre le ressac se transforme en un quai spécial pour les bâtiments de la flotte qui y trouveront à mer basse de vive eau, une profondeur constante de 8 mètres sur une largeur de 70. Les navires armés ayant le plus grand tirant d'eau y pourront stationner en parfaite sécurité.

Il va de soi que cette même profondeur de 8 mètres sera donnée au chenal d'accès — aussi bien qu'au quai des paquebots de la Compagnie.

Cette même digue intérieure peut à son extrémité sud donner place aux aménagements spéciaux qu'il faudrait établir pour des paquebots *porte-trains*, si l'expérience, faite ailleurs, démontrait contre la théorie que cette innovation a quelque valeur.

Le plan indique encore, par des teintes bleues claires, les points où vraisemblablement la Compagnie construira un jour des docks, ainsi que l'écluse à sas qui les réunirait à notre bassin à flot d'aujourd'hui.

La jetée extérieure avec pertuis se prolonge d'ailleurs, comme dans le projet primitif, par une digue infléchie au Nord-Ouest, conduite à 6 mètres de profondeur d'eau aux marées les plus basses qui soient connues.

Veut-on faire plus, c'est-à-dire créer de toutes pièces cette vaste rade en avant de Boulogne dont il a été si souvent question depuis les temps de la flottille ? Le plan en indique les moyens.

Ils consistent dans le remplacement de cette digue du large dirigée vers le Nord-Ouest, par des digues construites sur une ligne moins écartée de l'axe de la jetée principale, et conduites *ad libitum* à des profondeurs de 10, ou de 14 à 15 mètres.

Deux môles extérieurs figurés au plan, complètent le système de création de la rade abritée, selon que l'on arrêtera la tête de la digue du large à l'une ou à l'autre de ces profondeurs.

La dépense spéciale de ces grands ouvrages pour la constitution d'une station militaire ne serait pas aussi considérable qu'on le pourrait penser à première vue.

Si l'on s'arrête aux profondeurs de 10 mètres, elle sera de 4,230,000 francs ainsi divisée :

Quai pour les bâtiments de la flotte avec fosse creusée à 8 mètres au pied de ce quai.........	1.560.000
Jetée ou digue de large menée jusqu'aux profondeurs de 10 mètres......................	1.420.000
1er Môle....................................	1.250.000
	4.230.000

La dépense sera de neuf millions cent quarante mille francs si l'on veut conduire la jetée aux profondeurs de 14 à 15 mètres, et construire, par conséquent, à plus grands frais, une jetée plus longue et le môle plus fort de protection qui y correspond.

Aucun établissement semblable n'est possible sur aucun point de la côte de Dunkerque à Boulogne dans des conditions aussi réduites : *et c'était, dans la situation présente, ce qu'il importait de démontrer.*

Quant à l'exécution même de ces travaux militaires, le bon sens indique qu'elle se subordonne nécessairement à une subvention de l'État. Il n'y a pas de Compagnie financière qui puisse accepter cette charge tout-à-fait étrangère aux besoins du Commerce. Mais ce qu'il ne faut pas perdre de vue, c'est que la création du nouveau port que la Compagnie veut entreprendre, permettra seule au Gouvernement de doter à aussi bas prix sa flotte d'une station dont aucun esprit réfléchi ne méconnaîtra l'importance, dans la situation présente de l'Europe.

Dans sa réunion du 26 décembre la Commission d'enquête a exprimé *à l'unanimité* un avis favorable à l'entreprise et à ses conditions.

TABLE DE CET ÉCRIT

RAPPORT

APPENDICE

Boulogne.— Typ. et lith. Simonnaire & Cie, r. Religieuses-Anglaises.

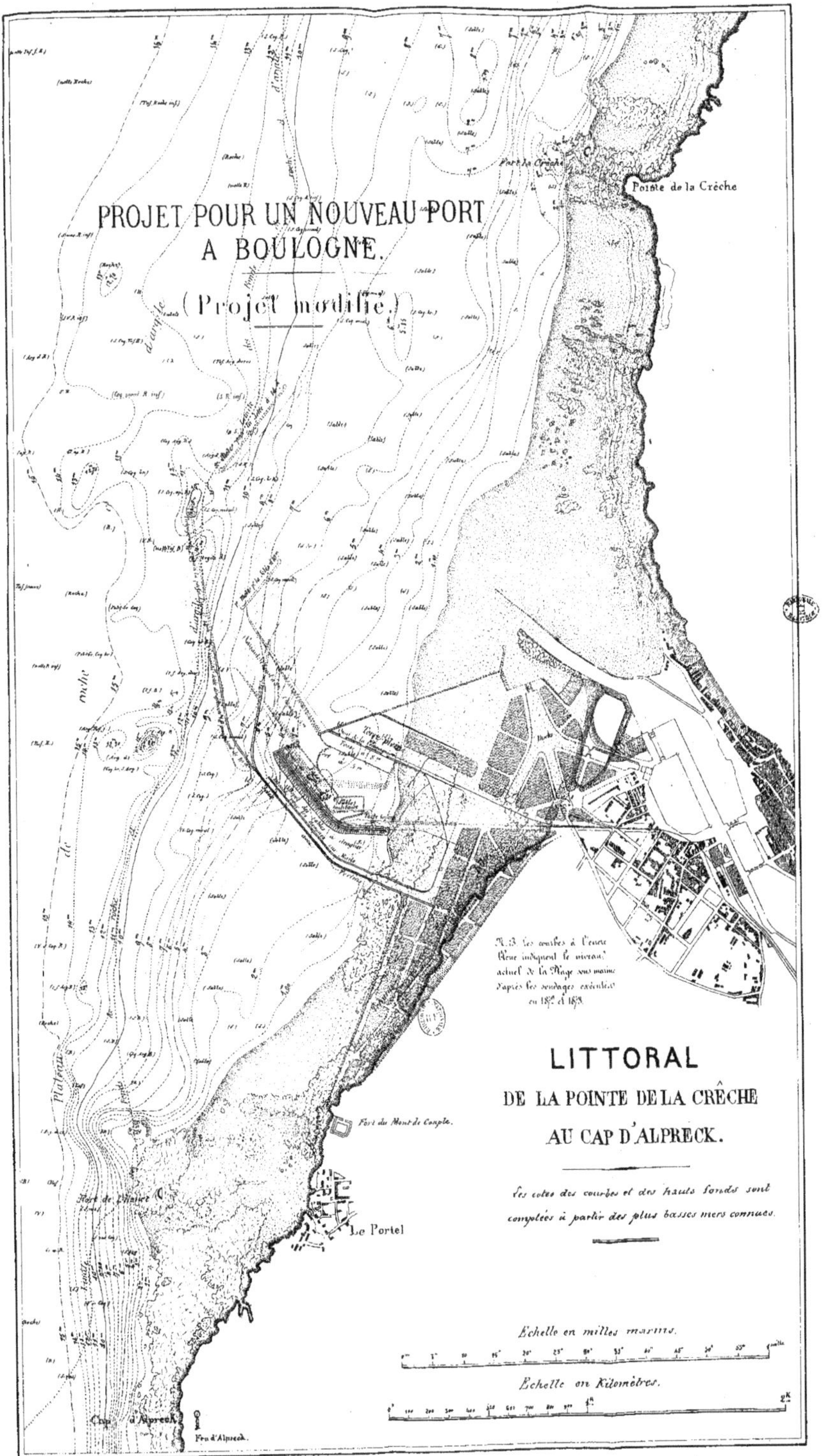
PROJET POUR UN NOUVEAU PORT
A BOULOGNE.
(Projet modifié.)
Pointe de la Crêche
LITTORAL
DE LA POINTE DE LA CRÊCHE
AU CAP D'ALPRECK.
Les cotes des courbes et des hauts fonds sont comptées à partir des plus basses mers connues.
Fort du Mont de Couple.
Le Portel
Fort de l'Heurt
Cap d'Alpreck
Fᵘ d'Alpreck.
Echelle en milles marins.
Echelle en Kilomètres.

www.ingramcontent.com/pod-product-compliance
Ingram Content Group UK Ltd.
Pitfield, Milton Keynes, MK11 3LW, UK
UKHW020328220726
13923UKWH00003B/1444